ŢIGĂRI PÎNĂ MÎINE

ROMANIAN  POETRY

CIGARETTES
UNTIL TOMORROW

CALICO

Cigarettes Until Tomorrow is tenth in the Calico Series.

Two Lines Press
582 Market Street, Suite 700, San Francisco, CA 94104
www.twolinespress.com

ISBN: 978-1-949641-68-4

Cover design by Crisis
Typesetting and interior design by Marie-Noëlle Hébert

Printed in the United States of America

Library of Congress Cataloging-in-Publication Data

NAMES: Coolidge, Sarah, editor.
TITLE: Cigarettes until tomorrow : Romanian poetry / [edited by Sarah Coolidge]
DESCRIPTION: San Francisco, CA : Two Lines Press, 2024. | Series: Calico
series ; 10 | Includes bibliographical references. | Parallel text in
Romanian and English. | Summary: "A collection of Romanian poetry in
translation"-- Provided by publisher.
IDENTIFIERS: LCCN 2024005173 | ISBN 9781949641684 (paperback)
SUBJECTS: LCSH: Romanian poetry--Translations into English. | LCGFT: Poetry.
CLASSIFICATION: LCC PC871.E3 C54 2024
LC record available at https://lccn.loc.gov/2024005173

THIS BOOK WAS PUBLISHED WITH SUPPORT
FROM THE NATIONAL ENDOWMENT FOR THE ARTS

Moni Stănilă

TRANSLATED BY SEAN COTTER

Iubesc pădurea pentru că fiecare copac își știe locul lui
și
sunt microbistă pentru că în lupta pentru cupă nu curge
sânge.

Orice pentru liniște, pentru frumusețe, pentru
supernovele curților noastre: câinii grași și bătrâni
care știu că trebuie să muște
doar atunci când cineva le calcă pământul.

Tatăl meu are un dulău care mergea în curțile altora
să le bată câinii. Pentru el lumea a devenit mai tristă,
a trebuit să-l legăm, să-l ținem
în lanț, să-l învățăm că pământul lui e doar până la capătul
grădinii.

O grădină 9 /
1 câine nou.

O lecție de istorie care se învață ușor. Dreptatea

I love the forest because each tree knows its place
and
I love soccer because its battles for the cup are
bloodless.

Anything for quiet, for beauty, for
the supernovas of our front yard: fat old dogs
who know to bite
only when someone steps on their land.

My dad's dog sometimes went in other people's yards
and fought their dogs. His world is now a little sadder,
we had to tie him up, keep him
on a chain, teach him that his land only goes to the end
of the yard.

A new yard/
a new dog.

An easy history lesson to learn. Right

aparține stăpânului curții. În curtea mea am dreptate.
În curtea mea am un câine.
Câinele meu e - sau poate fi - rău. În curtea mea
nu poate intra nimeni călare pe tancuri.
Despre asta ar fi trebuit să știm încă din epoca de piatră.

Un stejar bătrân stă lipit de cer
și nu îl poate mișca nici un vânt. E frumos,
e nemișcat, e pe pământul lui.

belongs to the master of the yard. In my yard I am right.
In my yard I have a dog.
My dog is—or can be—bad. In my yard
no one rides in with a tank.
We should have learned that in the Stone Age.

An old oak is stuck to the sky
and not even the wind can move it. It's beautiful,
it's unmovable, it's on its land.

În Melitopol
oamenii stau în fața blindatelor. Claxoanele
lovesc în obrajii tineri și bătrâni.

    Eto naș dom

    Eto nașa zemlea

Strigă și fac baricade vii.

    Eto naș dom

    Eto nașa zemlea

Cuvinte pentru crucile din cimitir.
Le pictez pe monumentele civilizației.
Le holografiez în jurul planetei.

Un bărbat se întinde sub roți, o tânără împinge blindata.
Oamenii din
Melitopol ceartă mașinile de război.
Și nu se mai tem de nici o Rusie.

Mi-aș dori să am puterea să închid cerul Ucrainei.

In Melitopol

people stand in front of columns of armor. Horns

strike the cheeks of old and young alike.

    Eto nash dom

    Eto nasha zemlea

They shout and make barricades with their bodies.

    Eto nash dom

    Eto nasha zemlea

Words good for tombstones.

I paint them on the monuments of civilization.

I holograph them around the planet.

A man lies down under the wheels, a woman pushes against the plate.

People from

Melitopol argue with war machines.

And fear no Russia.

I wish I had the power to seal the sky over Ukraine.

Să am superputerea să închid cerul Ucrainei.

SĂ ÎMI DEA DUMNEZEU ARHANGHELI SĂ ÎNCHID CERUL UCRAINEI.

După câteva minute de bravură inutilă
oamenii din Melitopol se dau neputincioși
la o parte

și plâng.

The superpower to seal the sky over Ukraine.

GOD GIVE ME ARCHANGELS TO SEAL THE SKY OVER UKRAINE.

After several minutes of useless bravura
the people of Melitopol move helplessly
aside

and weep.

Câtă frumusețe era în zilele de martie
în care se apropiau sferturile Ligii Campionilor. Era încă frig
afară și doar pițigoii îndrăzneau să cânte dimineața. Noi,
microbiștii,
cei învățați cu fericirea, ne trezeam
cu gândul la meciul din seară. Ne cumpărăm
bere și cipsuri. Ceilalți ne priveau cu milă,
că uite cu ce pierdem timpul și cât de ușor
vine bucuria. Și mă întreb, acum –
în martie 2022 – ce mai spuneți voi
era sau nu era fericire

o seară în care mă pregăteam pentru
Bayern – Barcelona?

Era sau nu era bine când eu
mă pregăteam de meci, iar nebunii
planetei își vedeau de buncăre în liniște?

Such beauty in those March days
before the Champions League quarterfinals. It was still cold
out and only tiny birds dared to sing in the morning. We,
soccer fans,
well-practiced in joy, awoke
thinking of that evening's game. We bought
beer and chips. Others looked down on us:
look at them wasting their time, so easily
pleased. And I wonder, now—
in March 2022—what you'd say
was it happy or not

that evening when I got ready for
Bayern vs. Barcelona?

Was it or was it not good when I
got ready for the game, and the maniacs
of this earth quietly prepared their bunkers?

Sunt un om care se mulțumește cu puțin,
întotdeauna am fost așa. Tocmai de aceea
îmi plac fotbalul, tenisul și toată mâncarea bună.
Un om care poate fi fericit
că într-o dimineață a auzit privighetoarea
prin geamul închis.

Zboară, porcule, zboară - îi strigam toți
lui Rogozin cu doar câțiva ani în urmă. Eram atunci
fanul numărul unu al lui Texeira, fotbalistul
care putea marca la bătrânețe

și câte vise se pot lega de gândul ăsta.
Un om în culmea fericirii eram eu
că am văzut delfini în libertate. Și abia acum înțeleg
că nu doar delfinul era liber, ci și marea.

Iar astăzi când mă întreabă cineva pe cine admir
nu mai pot spune pe William Faulkner și Thomas Muller
- pentru că au anulat legile fizicii,

It doesn't take much to satisfy me,
I've always been this way. It's why
I like soccer, tennis, and all good food.
I can be happy
just because that morning I heard a nightingale
through the closed window.

Run, you pig, run—that's what we all shouted
at Rogozin just a few years ago. Then I was
the number one fan of Teixeira, a soccer player
who still got goals when he got old.

And so many dreams hang on that thought.
I was at the peak of happiness
when I saw dolphins in the wild. And only now do I understand
that not only the dolphin was free, but the sea, too.

When someone asks me who I admire
I can't say William Faulkner or Thomas Müller
—because the laws of physics are upended,

că-mi dă televizorul peste gură și mă întreabă:
păi cu Zelenski cum rămâne?
Cu frații Klitschko ce faci? (Ăla mic, Wladimir,
are mai multă comunicare în el decât frate-su, primarul.
Pe ăla mare nu-l vezi
în liveuri pe fb. Mai apare câteodată încruntat
în spatele celui mic și mă aștept ca dintr-o clipă în alta
să ne arate bicepșii sau kalașnikovul. Cel mic încă
mai știe să plângă.)

because the TV smacks me across the mouth and asks:
What about Zelensky?
How do you like the Klitshko brothers? (The little one, Wladimir,
is a better speaker than his brother, the mayor.
You never see the big one
on fb live. Sometimes he's scowling behind
the little one and I'm thinking he's going to
pop his biceps out for us, or a Kalashnikov. The little one still
knows how to cry.)

Elena Vlădăreanu

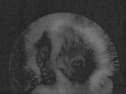

TRANSLATED BY IRIS NUȚU

love

Cândva credeam că iubirea trebuie să fie un arici,
să se miște ușor în jurul meu,
să mă cuprindă lent,
să nu îl simt,
să nu îl simt când se apropie.
Cândva credeam că iubirea este aici:
Ningea și peste tot cuprinsul cimitirului singuratic de pe deal
It was snowing all over the lonely cemetery on the hill
Ninsoarea se așternuse în strat gros pe crucile și lespezile strâmbe
The snow lay thick on the crooked crosses and slabs
Ningea peste toți cei vii și cei morți
It was snowing over all the living and the dead.
cândva credeam că dragostea e un arici care vine încet.
credeam că am învățat ce este dragostea
privind pe instagram filme cu urși panda
rostogolire-să fii lipicios-să fii pui mic-să ai o mamă uriașă

oh
I think I understand
It's about people and loss and touching

love

I once believed love had to be a hedgehog
that moved gingerly around me,
that slowly seized me,
that I wouldn't feel,
that I wouldn't feel coming closer.
I once believed love was here:
It was snowing all over the lonely cemetery on the hill
The snow lay thick on the crooked crosses and slabs
It was snowing over all the living and the dead.
I once believed love was a slow-approaching hedgehog,
believed I had learned what love was
watching panda bear reels on instagram
tumbling—being clingy—being a tiny cub—having a giant mother

oh
I think I understand
It's about people and loss and touching

I can learn to use language
but I can't learn to look someone in the eye
I can say what snow means

pot învăța să folosesc limbaj

dar nu pot învăța să privesc în ochi

pot spune ce înseamnă zăpadă

dar nu știu cum este să îți treci degetele prin zăpada pufoasă de pe capotele
    mașinilor

nu o să știu niciodată cum îți îngheață degetele de la picioare.

pot să definesc cârtița și creierul meu poate genera un corp de cârtiță

dar nu pot spune dacă mi-ar plăcea o viață de cârtiță

nu o să înțeleg diferența dintre a vedea și a nu vedea

but it's ok

all this is human

and nothing human can be mine

but I don't know what it's like to run your fingers through the fluffy snow
     on the hoods of cars
I'll never know what it's like to have your toes freeze.
I can define a mole and my brain can generate the body of a mole
but I can't say whether I'd enjoy life as a mole
I wouldn't be able to tell the difference between seeing and not seeing
but it's ok
all this is human
and nothing human can be mine

beauty

un film de 35 mm stricat
din care nu se mai înțelege nimic
doar mișcările vagi și curgerea timpului
un apus în deltă o urmă de urs în zăpadă
un țiclean care se oprește o clipă și te privește în ochi
sex în mașina parcată într-un cartier necunoscut sub ploaia torențială
o femeie singură
înregistrând
cu o cameră mică
viața dintr-un câmp de napi
uneori se oprește și bea o gură de prosecco dintr-o doză de aluminiu

pot presupune ce este în jurul unui câmp de napi
dar nu pot vedea un câmp de napi
pot să îți descriu tulpina și frunzele și floarea și tuberculii unui nap
dar nu înțeleg noțiunea de țepi fini care îți intră în piele
nu înțeleg noțiunea de piele bătătorită
nici pe cea de foșnet
presupun că dacă mai multe frunze se ating între ele din cauza vântului
se obține foșnet

beauty

a damaged 35 mm roll of film
of which nothing can be made out
only vague movements and the passing of time
a sunset in the delta a bear track in the snow
a Eurasian nuthatch that stops for a moment and looks you in the eye
sex in a car parked in an unfamiliar neighborhood under the pouring rain
a lonely woman
recording
life in a sunchoke field
with a small camera
sometimes she stops and takes a sip of prosecco from an aluminum can

I can assume what's around a sunchoke field
but I cannot see a sunchoke field
I can describe the stem and leaves and flower and tubers of a sunchoke for you
but I don't understand the notion of smooth spikes that pierce your skin
I don't understand the concept of callused skin
nor that of rustling
I assume if several leaves brush against each other due to wind
rustling is made

mai foșnesc hârtia penele obiectele ușoare puse în mișcare de o forță
    exterioară
pot descrie funcția unor mănuși de grădinărit dar nu pot ști cum se simt
    degetele înăuntru
nu știu cum se smulge o plantă cât de mult trebuie să tragi
cât de mare e forța de recul
sau plăcerea dată de rădăcina care alunecă ușor în afară

other things that rustle are paper feathers light objects set in motion by an
    external force
I can describe the purpose of gardening gloves but I can't know what
    fingers feel like inside them
I don't know how to pluck a plant how hard to pull
how strong the recoil force is
or the pleasure of a root gently sliding out

happiness

femeia vede cum din câmpul de napi își ia zborul un stol de porumbei gulerați
columba palumbus cea mai numeroasă și răspândită dintre speciile comune
    de porumbei
e adevărat, mediul urban nu e prietenos cu aceste păsări
femeia știe că într-un câmp de napi are mai multe șanse să întâlnească
    porumbei gulerați
columba palumbus
decât în mijlocul orașului

porumbeii gulerați obișnuiesc să își construiască un cuib simplu din crenguțe

nimic mai mult pentru a fi fericiți, nu-i așa

nu pot spune dacă porumbelul gulerat columba palumbus are sau nu
    noțiunea fericirii
nu pot spune că înțeleg ce înseamnă fericirea
definesc fericirea ca fiind o stare subiectivă de bine
a never ending journey

gurluit înăbușit și aspru

happiness

the woman sees a flock of wood pigeons take off from the sunchoke field
columba palumbus the most numerous and widespread of the common
    pigeon species
it's true, urban environments are not friendly to these birds
the woman knows that in a sunchoke field she is more likely to encounter
    wood pigeons
columba palumbus
than in the middle of the city

wood pigeons usually build a simple nest out of twigs

nothing more to make them happy, isn't that so

I can't say whether or not the wood pigeon columba palumbus possesses
    the notion of happiness
I cannot say if I understand what happiness means
I define happiness as a subjective state of well-being
a never-ending journey

muffled hoarse cooing

gru-gru-gru-gru-gru

fericirea este un obiect neidentificat plantat în mijlocul câmpului de napi
apa care umple recipientele
apa ploii
apa care urcă din pământ
apa rece pe care o bem

coo-coo-coo-coo-coo

happiness is an unidentified object planted in the middle of a sunchoke field
the water that fills the containers
rainwater
the water that rises from the ground
the cold water we drink

Constantin Acosmei

Translated by Gene Tanta

seducătorul

(mai sînt ţigări pînă mîine
poftă de mîncare avem
   talent şi pastile
hai să intrăm în bucătărie
eu îţi arăt sîngele meu
tu îmi arăţi sîngele tău)

the seducer

(we've got cigarettes until tomorrow
and hunger for days
    talent and pills
let's go into the kitchen
i'll show you my blood
you'll show me your blood)

scrisoarea unui provincial

(ambulanţele intonează
copleşitoare marşuri de triumf
din cartierele mărginaşe
se aud slab exploziile demografice
însoţite de rafale prelungi de aplauze
fiecare clipă trebuie dezamorsată
ultimele noastre nopţi
au fost luminate feeric
de petele galbene de urină
de pe cearşafuri
am scris pe ultimul plic
„anul unu după era noastră"
voi coborî şi eu în refugiu
cu aripile între picioare.
printr-o spărtură a zidului
privesc cum se înalţă
pe cel mai înalt catarg
drapelul alb al patriei)

a provincial man's letter

(ambulances chant
outdoing the triumphal marches
from surrounding districts
are heard faint demographic explosions
accompanied by elongated bursts of applause
every second must be deactivated
our last nights
were lit with ineffable beauty
by the yellow petals of urine
on the sheets.
i wrote on the final envelope
"year one after us"
i'll join you down there in the shelter
wings tucked between my legs.
through a crack in the wall
i look at how they run
up the tallest mast
the white flag of our country)

puţin

(sînt liniştit
mîngîi cu plăcere
capul răutăţilor

mă gîndesc la oraşul
unde fumegă lăzile de gunoi
ca nişte altare de jertfă

am fost furios
am tăiat gîtul
fiolelor

am strigat în oraş
– „am şi eu un schelet
de ce să nu vă fie frică?"

lîngă vitrine
mă opream
să-mi aranjez
puţin scalpul)

a little

(i'm at peace
i enjoy petting
the head of sin

i'm thinking about the city
where trash bins smoke
like sacrificial altars

i was furious
i cut the throats of
ampules

i shouted in the city
—"i too have a skeleton
why shouldn't you be afraid?"

near shop windows
i was stopping
to arrange my skull
a little)

maledicat

(în fiecare noapte înainte de a
stinge lumina intru în bucătărie
cu gîndul să dau drumul la gaz
pînă la urmă dau drumul la apă
iau un pahar îl clătesc apoi beau
şi mă clatin de silă mă gîndesc
– „acolo în largul oceanului
pe o mare fîşie de cer nu a
zburat niciodată o pasăre")

maledicat

(every night before
i turn the light off i go into the kitchen
with the thought of turning on the gas
but i turn the water on
take a glass rinse it and drink
and i teeter in loathing to think
—"out there over the ocean vast
there is a wide strip of sky
on which no bird has ever flown")

Emil-Iulian Sude

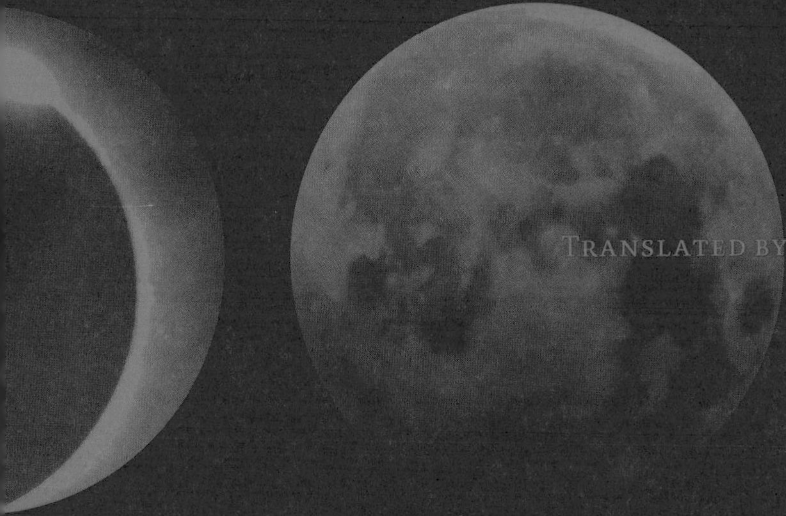

Translated by Diana Manole

Țigări cafea plimbări ca la balamuc

un balamuc adevărat.
aici toți suntem prieteni. aici toți suntem sănătoși.
niciunul nu recunoaşte. ochii în gol spuneau despre noi.
deturnările de la realitatea imediată
ar fi fost numai realitatea noastră.
spuneau cei care credeau că stăpânesc realitatea.

asistentul a spus sunt proaspăt. o floare
în zi de mai. sunt numai bun. pentru pastile
ar fi fost depresie nu ştiu nici dacă m-am însănătoşit nici
dacă am fost depresiv vreodată.

am fost întrebat de un coleg dacă m-am adaptat.
trei luni în care prindea cu gingăşie plantele din rigolă.
vezi ce frumoase sunt. îmi venea să râd.
degeaba. parcă aş fi fost nebun. a fost adus
la spital pe timp de iarnă.

niciodată nu ni s-au dat furculițe când mâncam.

Cigarettes coffee strolls like in a nuthouse

a real nuthouse.
here we're all friends. here we're all healthy.
no one admits it. empty eyes they called us.
the diversions from immediate reality
would've been our only reality.
said those who believed they mastered reality.

the nurse said i was fresh. a flower
on a day in may. i was just right. for pills
supposed to have been depression i don't know if i got better or
if i ever was depressed.

a colleague asked me if i had adapted.
for three months he'd gently caught the plants in the gutter.
see how beautiful they are. i felt like laughing.
for no reason. as if i were crazy. he was brought
to the hospital in winter.

they never gave us forks when we ate.

ziceau o să ne scoatem ochii ăia goi.

în prima zi am mâncat cu mâna felul doi.

niciunul nu aveam țigări îndeajuns. cel
mai bine ne stătea fumând și privind luna.

la iubite la soții nu mai speram să ne caute. dacă
se întâmpla să vină pe la noi așa în fugă ai adus țigări
ca să privim Luna. întrebam.

am plecat de acolo. nu am aflat de ce sufăr.
de la un spital la alt spital. ce o să zică
lumea. săracul locuiește la mansardă.
bineînțeles m-au întrebat cum mă
simt. veșnica bunăvoință.
oricui i se poate întâmpla. spunea lumea.

they said we'd gouge out them empty eyes.
on the first day i ate the second course with my hands.
none of us had enough cigarettes. we looked best
smoking and staring at the moon.
we stopped hoping them girlfriends them wives would look for us. if
they happened to rush by did you bring cigarettes so
we can look at the moon. we asked.

i left that place. i didn't find out what i was suffering
from. from one hospital to another. what would people
say. poor guy lives in the attic.
of course they asked me how
i was doing. the eternal goodwill.
could happen to anyone. people said.

Ne apucă un oftat
nu ştim de la ce o fi

zicem ne arde de vreo ţigară

oftăm mult şi des e o plăcere să oftezi
nu poţi să laşi postul descoperit.
punem acoperiş postului
peste mări şi ţări ce de zări luminoase.

din întunericul ţigării
ne ţinem unul altuia locul până când
ne pierdem identitatea de pe cartea
de plastic. suntem orice şi oricine
dai de noi pe oriunde te minunezi
ce de sălcii cresc dintr-un băţ.

la etajul doi este un bătrân are un aer misterios de comunist
care dădea cu ciocanul
în roţile de la vagoane şi face câteodată
ca trenul că fumez prea mult
să îmi număr ţigările

We start sighing
we don't know why

maybe we need a smoke we say

we sigh a lot and often it's a pleasure to sigh
you can't leave the guard station uncovered.
we put a roof on top of the station
over the hills and far away so many bright skies

in the cigarettes' darkness
we cover for each other until
we lose our identities on the plastic cards.
we're anything and anyone
you find us everywhere and marvel
how many willow trees grow from one stick.

the old man on the second floor has the air of mystery
of a communist who used to tap
the wheels of the train cars with a hammer
he sometimes screams at me blowing off steam like a train
that i smoke too much

numai o dată pe oră. îl înjuram printre dinți
nu știa de ce era puțin cam surd

a zis să nu cobor la o țigară fără să îi spun
cică îl trag în piept cu mâinile
pline de ciocane și roți de vagoane

cum ne ducem noi pe rând să oftăm
în spatele şcolii sunt doamnele profesor.
fumează astea ca oamenii. cot la cot cu noi.
coatele noastre plutesc îngălbenite nişte pungi
de plastic cu imprimeuri chinezești

dar ne ținem țăpănoși bărbați bărbați
de țigară. nu îi dăm drumul pe obrajii noștri
nenumărate culori de la săruturile de dimineață.
ale liliacului înflorit

ne tragem în piept nu ne umplem niciodată.
nici doamnele profesor nu ştiu dacă se ridică
sau se lasă. ceața.

that i should count my cigarettes
and only one per hour. i cursed him under my breath
he didn't know why he was a little deaf

he said that i shouldn't go out for a smoke without telling him
that i pulled his leg with my hands full of
hammers and train wheels

as we take turns to sigh behind the school
the missus teachers are also there.
they smoke like normal people. rubbing elbows with us.
our elbows getting yellow some plastic
shopping bags with Chinese prints float

but we hold tight on our cigarettes. each of us a man's man
we don't let them go on our cheeks
countless colors from the morning kisses.
of the lilies in bloom

we inhale deeply but never fill up.
missus teachers also don't know if it's rising
or falling. the fog.

Ieri am pus cheile de la casă în același loc.

de trei ori le-am mutat din locul
unde le-am pus și iar le-am căutat sau poate nu eu le-am mutat
ci uitarea mea s-a mutat în mine.

uitarea mea se conturează încet dar sigur în moartea mea ca
o latură adevărată a ființei mele

s-ar putea cândva să-mi amintesc numele meu. sigur
mă va numi altcineva. uitarea ca și moartea nu e
un defect e o calitate. să uiți cine ești atunci poți fi orice
și oricine.

îmi plac mâinile mele frumoasele mâini cu degetele
lungi gânditoare degete. frumoasele mele mâini
efeminatele mele. dacă uitarea mă va cuprinde de tot

vă rog să-mi arătați mâinile.

Yesterday I put the house keys in the same place.

i moved them three times from where i had put them
and looked for them again or maybe it wasn't me who moved them
but forgetting's moved into me.

forgetting slowly but surely unfolds in my death like
a real side of my being

i might remember my name someday. surely
someone else will name me. like death forgetting isn't
a flaw but a virtue. forget who you are then you can be anything
and anyone.

i like my hands my beautiful hands with long fingers
thinking fingers. my beautiful hands
the effeminate ones. if forgetting overwhelms me

please show me my hands.

Adela Greceanu

TRANSLATED BY MONICA CURE

„Gabÿ"

Adila și-a amintit într-o seară
de colega ei de bancă
din generală,
care citea pe furiș, în timpul orelor,
romane de aventuri
și care mai tîrziu
l-a descoperit pe Dumnezeu în inima sa,
așa cum Adila
a descoperit America
în felul cum se face seară
și cum se vede asta de la etajul opt,
vara.
După ce au terminat școala generală,
Adila a primit scrisori în care colega ei
o anunța
că s-a angajat la o fabrică de conserve
dintr-un oraș de la malul mării,
deși ar fi preferat un oraș de la poalele muntelui,
că-i place tristețea,
că pescărușii țipă ca niște copii,

"Gabÿ"

One evening, Adila recalled
her deskmate
in elementary school
who, on the sly during class, would read
adventure novels
and who later
discovered God in her heart,
just as Adila
discovered America
in the way evening falls
and what that looks like from the eighth story
in the summer.
After they finished elementary school,
Adila received letters in which her classmate
informed her
that she had started working at a canning factory
in a seaside town,
though she would've preferred one in the foothills,
that she liked sadness,
that seagulls screech like children,

că s-a măritat,

dar să nu mai spună asta nimănui,

că a venit iarna,

că l-a descoperit pe Dumnezeu în inima sa,

că surorile ei,

că mama ei, niciodată tatăl ei

că a făcut hepatită,

că în fața ferestrei salonului unde a fost internată

era un copac înflorit,

că primăvara e cel mai frumos anotimp,

că a împlinit 15 ani,

că, uite, a mai trecut o vară,

că multă vreme nu a găsit timbre în oraș,

că și-a făcut pașaport

și așa mai departe.

Întotdeauna fata

își scria la sfîrșit numele în ghilimele,

cu y la urmă

și cu două puncte deasupra lui y.

Ce curios

că tocmai aceste amănunte

au urcat din bezna copilăriei

pînă aici, la etajul opt,

se gîndește Adila.

that she had gotten married,

but not to tell anyone,

that winter's here,

that she discovered God in her heart,

that her sisters,

that her mother, never her father,

that she got hepatitis,

that in front of her hospital room window

a tree was in bloom,

that spring is the most beautiful season,

that she turned 15,

that, look, another summer's gone by,

that she had trouble finding stamps for a while,

that she got herself a passport,

and so on.

The girl always

ended with her name in quotations,

spelled with a y

and with two dots over the y.

How strange

that of all details these ones

climbed up from the pitch darkness of childhood

and made it here, to the eighth story,

Adila thinks.

„Copac"

Oamenii vor să fie prietenoși.
Îi interesează de ce
n-ai trecut zile-n șir
să-ți iei apă de la magazinul de lîngă bloc,
te invită la o cafea,
te îmbie cu clătite
și te apostrofează prompt dacă
ți-e dor de tine însuți.
În plus,
cînd ei spun „copac",
au impresia că asta înseamnă întotdeauna
același lucru.
Și, la viteza vieții de zi cu zi,
chiar înseamnă.
Dar cînd lucrurile încep să prindă
o viteză mult mai mare,
„copac" înseamnă mereu altceva.
Și îți dai seama că,
pentru a spune „copac",
ar trebui să spui

"Tree"

People want to be friendly.
They care about why
you haven't come by for days
to buy water from the store next to the building,
they invite you over for coffee,
they entice you with crepes
and they promptly lecture you if
you miss yourself.
Moreover,
when they say "tree,"
they assume it always means
the same thing.
And, at the speed of everyday life,
it really does.
But when things start to move
at a much greater speed,
"tree" always means something else.
And you realize that,
in order to say "tree,"
you'd have to say

unde crește,

ce fel de frunze are,

ce fel de flori,

cît e de înalt,

dacă stă cineva sub el,

cît de gros are trunchiul,

și cîte și mai cîte...

Nici dac-ai spus toate astea,

nici măcar dacă ai scris un roman,

nu te poți lăuda

c-ai spus într-adevăr „copac".

Poate colega mea de bancă știa

că nu se poate spune „copac"

și de-aceea,

în finalul scrisorilor pe care mi le trimitea,

își scria întotdeauna numele

în ghilimele, cu y la urmă

și cu două puncte deasupra lui y.

where it grows,
what kind of leaves it has,
what kind of flowers,
how tall it is,
if anyone's sitting under it,
the thickness of its trunk,
and so on and so forth...
Not even if you've said all this,
not even if you've written a novel,
can you claim
that you've really said "tree."
Maybe my deskmate knew
that "tree" can't be said
and that's why,
at the end of the letters she'd send me,
she always wrote her name
in quotations, spelled with a y
and with two dots over the y.

Gîscă

Și cuvintele sînt o provincie
vizavi de sensurile pline de viață de sub ele,
sensuri nebănuite acolo, deasupra.
Însă
tartină, cvasinecunoscută și a gestiona o relație
sînt cuvinte rostite cu atîta putere,
încît au smuls de sub ele
un sens care le-a făcut sinonime.
Pentru mine doar, ce-i drept.
Și-n clipa-n care
sensul nebănuit
s-a desprins din colcăiala de sensuri
de sub cuvintele astea
și a urcat în ele atingîndu-și ținta
din plin,
adică pe mine,
tartină, cvasinecunoscută și a gestiona o relație
au încetat să mai fie o provincie.
Spre deosebire de cuvîntul „gîscă".
Ești o gîscă,

Goose

Words are also a province
when it comes to the lively meanings beneath them,
meanings unimaginable there, above.
However
tartine, quasi-unfamiliar, and *to handle a relationship*
are words spoken with such power
that they yanked up from underneath them
a meaning that made them synonyms.
Though only for me, to be fair.
And the moment when
the unimaginable meaning
broke loose from the swarm of meanings
underneath these words
and climbed up through them to hit its target
right in the center,
namely, me,
tartine, quasi-unfamiliar, and *to handle a relationship*
stopped being a province.
In contrast with the word "goose."
You're a goose,

mi-a spus de mult un bărbat,
aveam vreo nouăsprezece ani.
Dar cuvîntul lui,
„gîscă",
n-a ajuns la mine,
cum nici bărbatul acela.
Ca și cum nu existau.
Nici el
și nici cuvîntul lui, „gîscă".
Nici măcar ca un provincial în provincie.

a man said to me a long time ago,
I was about nineteen.
But his word,
"goose,"
never made it to me,
just as the man didn't either.
As if they never existed.
Neither him
nor his word, "goose."
Not even as a provincial in a province.

Ioan Flora

TRANSLATED BY ADAM J. SORKIN AND
ANDREEA IULIA SCRIDON

Ploaie de august

Întind la uscat cămășile lui tata, dimineața devreme.
Îndrăznește și soarele, după potopul de ploaie
de-azi noapte.
Puii de ciuf își arborează crestele prin hornul înalt.

Ieri, una din rațele noastre leșești
(orătăniile acelea care mai degrabă mormăie, decât măcăne)
ieșise cu doi boboci, din cuibar la lumină.
Tata zicea să-i adăpostească in magazie, sub hambar,
Dar mai sunt șobolani, încât crede să-i separe într-o cutie
de carton, acoperită cu un prosop verde.

Acum doi ani, aici, la masa de bucătărie, mama ținea morțiș
să-și dovedească dușmanul, zis *non Hodgkin sindrom*, mâncând
și de câte cinci ori pe zi, chiar dacă suferea cumplit
după fiecare inghițitură.

— Mama ta ar fi știut să-i facă să ciugulească din palmă,
îmi spune tata, câteva zile, până să prindă și ei picioare.
După aceea, râneau și ei cu ciocul lor portocaliu
prin iarba crudă din arie.

August Rain

I put Dad's shirts out to dry, early in the morning.
The sun dares to show its face, after the torrent of rain
last night.
The long-eared owlets raise their tufts through the tall chimney.

Yesterday, one of our Chinese ducks
(those garden fowl that murmur rather than squawk)
emerged from the nest into the light with two ducklings.
Dad told me to shelter them in the shed, under the granary,
but we still have rats, so he thinks he'll keep them in a cardboard
box, covered by a green towel.

Two years ago, here, at the kitchen table, Mom was hell-bent
on overcoming her enemy, named *non-Hodgkin's lymphoma*, eating
sometimes five times a day, even though she suffered terribly
after every swallow.

"Your mother would have known how to make them eat out of her palm,"
Dad tells me, "for a few days, until they learn to walk."
After that, they drag themselves with their orange beaks
through the area's young grass.

Bătrâni în ploaie

Mergeam spre Muzeu, cu gândul de-a sta măcar o oră
liniștit, la o bere
Era când ploaie, când soare, țâțânile lumii se fisuraseră acolo,
departe,
in văzduhul de metal, de ciment, de sticlă.

Mergeam la Muzeu și nici gând să întâlnesc acolo
șiruri de mese, cu bătrâni și doamne sărbătorind, evident,
absolvirea Liceului,
bătrâni cântând, din rărunchi, tocmai *Internaționala*.

Era septembrie și-mi stăruia în minte
mierla ciugulind pământ prin vrejuri de dovleac, într-o vară,
nicidecum cocorii.

Old People in the Rain

I was heading toward the museum, with the notion I'd stay for an hour or more
to relax with a beer
It was rainy, then sunny, the hinges of the world had broken there,
far away,
in the metal, cement, glass atmosphere.

I was heading toward the museum, no idea I'd find there
rows of tables, old gentlemen and ladies celebrating
their high school graduation,
the old men singing with all their might "The Internationale," of all songs.

It was September and I kept thinking
of the blackbird pecking at the earth amid rows of pumpkin, one summer,
certainly not cranes.

Dimineața, devreme

Când am intrat în casă, dimineața devreme, mirosea a ieri,
Ileana spălase perdelele, dar nu le întinsese încă;
venea o lumina crudă țâșnind
parcă și din pereții albi și zgrunțuroși;
pe masa din sufragerie erau înșiruite mai multe fotografii cu mama,
fotograful și-atât.
Tocmai sosisem de pe Valea Vaserului, cu trenul de noapte
(am stat și-n picioare, pe hol, o lungă bucată de vreme)
eram cumva sleit, cu fracturi în mișcări,
nici nu mai era nevoie să tresar,
știam, știam chiar totul, cu mult înainte de a suna fratele meu, Vichi.

Vichi vorbea înăbușit, vorbea cu bolovani în glas;
nu reușeam să-i răspund pe același ton, eram mai mult
ars decât fulgerat; cred că am pomenit punctul de sprijin,
nu și universul mișcat din loc;
era tot ce puteam spune, se așezase muțenia pe gura mea,
mă durea altceva decât pieptul sau mușchii intercostali,
mă durea totul, oricum.
Atunci mi-am apucat capul în mâini, sprijinindu-l palme și-am stat
așa, privind lung, lung, drept prin geamul din față,

Early in the Morning

When I entered the house, early in the morning, it smelled of yesterday,
Ileana had washed the curtains but not yet put them out to dry;
a harsh light glared
as if from within the rough white walls;
on the living room table, several photos of Mama were lined up,
only photos.
I had just arrived from the Vaser Valley on the night train
(I stood stock still there in the hall for a stretch of time),
I was somehow frozen, I felt unable to react,
there was no need to startle.
I knew, I knew it all, long before my brother, Vichi, called.

Vichi spoke quietly, spoke with stones in his voice;
I managed to respond in the same tone, I was much more
charred than struck by lightning; I think I mentioned the fulcrum,
and not the universe now shifted in place;
that was all I could say, for silence had seized my mouth,
I felt pain not just in my chest or intercostal muscles,
everything hurt me, in every way.
Then I took my head in my hands, resting it in my palms, and sat down
just like that, staring for a long, long time straight through the front window,

undeva pe deasupra blocului de vizavi, la plopii de-acolo,
din fața căminului studențesc, negricioși, alungiți, sclipitori.

Pe masa din sufragerie, câteva fotografi, nu tocmai recente,
cu mama.

somewhere above the apartment building opposite, at the poplars there, in front of the student dormitory, blackish, elongated, glittering.

On the living room table, several photos, not exactly recent, of Mama.

Tornada

Mai întâi s-a prezis cutremur, dar n-a fost decât potop
de ploaie, încât au luat-o casele la vale, călare pe viitură.
Pluteau pe coama valului albii, și blide, și scoarțe,
copaci, capre și găini moarte,
saltele, și câini, și pisici.
Bătrânii stăteau temători, dar împăcați pe prispă (părea
că s-a ciuruit căldarea cerului, o dată pentru totdeauna),
stăteau până la genunchi în apă și îndrăzneau să facă un pas,
până la ușă.

Atunci a vent tornada ce ne-a secerat pădurea, vezi și dumneata,
n-au mai rămas decât cioturi, limbi de salcâmi, iar pe noi, ciobanii,
ne-a strămutat cu putere de-acolo până tocmai dincolo,
la câteva sute de prăjini depărtare.
Zburam, pluteam ca îngerii, ca liliecii peste câmp, prin dreptul
turnului bisericii, cu mioare cu tot.
Mare noroc că n-am luat-o în altă parte, ci am aterizat, șleampezi
și frânți, cu capetele răsucite la spate și gurile strâmbe,
drept în Valea Seacă, și-acolo
așa am rămas.

The Tornado

First they predicted an earthquake, but it was just a flood
of rain, so the houses washed down the valley, riding the torrent.
Everything floated away on the wave's crest along the river: bowls and rinds,
trees, goats and dead chickens,
mattresses, dogs and cats.
The old people watched in fear but found refuge on their porches (it seemed
that the cauldron of the sky had burst once and for all),
they stood there up to their knees in water and didn't dare take a step,
not even to the door.

Then the tornado arrived that mowed down our forest, you can see for yourself,
nothing remained but stumps, the tongues of willows, and we, the shepherds,
have been displaced by force from here to over there,
several hundred rods away.
We flew, we soared like angels, like bats over the field, passing
the church tower, with our lambs and all.
We lucked out not heading in another direction, but landed, disheveled
and exhausted, our heads twisted around and our mouths crooked too,
in The Dry Valley, and there
we've stayed.

Anastasia Gavrilovici

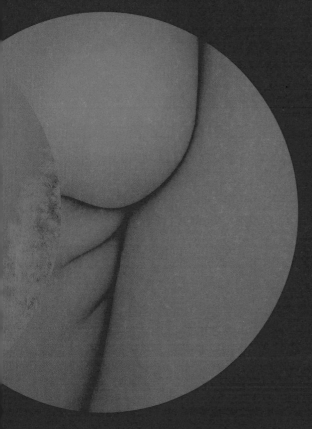

TRANSLATED BY GABI REIGH

Aici

A fi singur pentru tot restul vieţii ar putea creşte riscul de a
dezvolta demenţă cu 42% comparativ cu persoanele căsătorite.
(The Independent)

Nu dau doi bani pe ce spun oamenii ăia mereu trişti, învinşi de climă în
lupta pentru endorfine, nu cred în paturile lor nefăcute după standarde
    europene.
Aici, la noi, în centrul unui oraş bine poziţionat, dragostea
coboară încet, cu precauţie, ca un alpinist ale cărui fese, strânse bine
    în cureluşe,
îţi dau siguranţa că nimic rău nu se poate întâmpla.
Aici, pe malul unui râu în care plutesc cele mai nobile raţe şi
gunoaie de secol 21, lumina e o disfuncţie tactilă care ne
împiedică să simţim pericolul. Pentru că noi mai mult nocturn decât
diurn, mai mult pe orizontală decât pe verticală, mai mult lucidele
halucinaţii ale verii, decât somnul odihnitor al anestezicelor.
Aici avem cruzimea de a încuraja oamenii pe patul
de moarte, aici neputinţa se dă prin noi ca pe Transfăgărăşan,
deşi suntem cu ppt-urile la zi şi creierul
fezandat în săli de lectură şi conferinţe intergalactice.

Here

*People who remain single for life are at a 42%
greater risk of developing dementia than those who marry.*
—The Independent

I don't give a damn what they say, those permanently sad people, defeated
    by the climate
as they strive for endorphins, I don't believe in their unmade beds, following
    European fashion.
Here, where we are, in the center of a conveniently situated town, love
descends slowly, cautiously, like a mountaineer whose buttocks, securely
    fastened in a harness,
reassure him that nothing will ever go wrong.
Here, on the banks of a river where only the noblest ducks
and trash of the twenty-first century are permitted to float, the light is a
    tactile dysfunction
blinding us from danger. Because we're more nocturnal than
diurnal, more horizontal than vertical, we're more lucid summer hallucinations
than restful anesthetized sleep.
Here, our cruelty shoves people into deathbeds.
Here, helplessness runs through us like the Transfăgărășan highway

Uite, praful ăsta argintiu care ţi se împrăştie în jurul gurii

din şerveţelul mototolit cu care te ştergi e

corpul unui superb fluture de noapte.

Aici stewardese cu sâni detaşabili te vor învăţa gesturile

de supravieţuire, dar dacă nu te descurci, nu-i nimic,

bumbacul hainelor tale va fi un bun fertilizator pentru solurile din

Nicaragua. Aici nu-ţi va fi niciodată dor de casă, vei înţelege

stupiditatea acestei false intuiţii etimologice. Gândeşte-te la

suflet ca la o sobă micuţă în care sunt sterilizate cele mai

infectate instrumente. Aici, la noi, poţi

fi singur pentru tot restul vieţii.

even though our PowerPoints are on point and our brains
are tenderized in lecture halls and intergalactic conferences.
Look, this silver dust spreading around your mouth
as you wipe it with a crumpled napkin
is the body of a splendid moth.
Here, stewardesses with detachable breasts will teach you
the gestures of survival, but don't worry if you don't get the hang of it,
your cotton clothes will make a fine fertilizer
for Nicaraguan soil. Here, you will never be homesick, you will grasp
the foolishness of this false etymological intuition. Think
of your soul as a tiny stove for sterilizing the filthiest instruments. Here,
        with us,
you can be alone for the rest of your life.

se poate trăi și așa

am trecut și peste iarna asta peste sonoritatea
goală a camerelor din care ai vrut să plec și
am plecat peste somnul defazat iar acum când
a dat căldura și în sfârșit putem dormi din nou
dezbrăcați fiecare își vede de ale lui luăm taxiuri
diferite și ne dăm seen pe facebook nopțile
tropicale ale iubirii noastre par niște metastaze
digitale ale minții mele o amintire arhivată doar în
senzorial poveștile despre suflete pereche sexe
pereche nu mai spun nimic nici unei romanțioase ca mine
îmi doresc lucruri simple o digestie ușoară puțină
tandrețe un pahar cu lapte rece când mă trezesc
dar zilele trec și încep să mă obișnuiesc se poate trăi și așa
se poate să adormi lângă laptopul încins și noaptea să te
lipești de el ca să simți puțină căldură
ultima noastră întâlnire a avut ceva din disciplina și
corectitudinea țărilor nordice nimic erotic nimic eroic doar
calmul vapoarelor obosite când se îndepărtează de port
mașinuțele bușindu-se în bâlci cu frenezia inimilor noastre
după alcool ar fi putut deveni soundtrack-ul unui scurtmetraj despre regăsire

one can live this way too

I got through this winter through the empty sonority
of rooms you wanted me to leave and entered
unsynchronized sleep but now
they have turned on the heating and at last we can sleep
naked again each of us minding our own business we slide into
separate taxis and leave each other on *read*
on facebook the tropical nights
of our love seem like the digital metastases
of my mind a memory only archived
in the sensory those stories about soulmates
sexmates have nothing left to say even to a romantic like me
I want simple things easy digestion a little
tenderness a glass of cold milk when I wake up
but the days pass and I get used to it one can live this way too
fall asleep next to the overheating laptop and at night
press your body against it to feel some warmth
our last meeting had something of the discipline
and correctitude of nordic countries nothing erotic nothing heroic only
the tranquility of exhausted ocean liners as they drift from the port
the bumper cars bumping each other at the fairground with the frenzy of our hearts

n-a fost așa nici măcar rutina verbală a cuplurilor distanţă
între scaune intimitatea asimptotică a barului
m-am întins peste masă până la mâinile tale
ţi le-ai tras înapoi în momente de genul ăsta
dacă s-ar așeza pe mine o drosophila melanogaster m-aș prăbuși
te-ai dus să fumezi am multiplicat și mărit în gând imaginea până
am obţinut-o pe cea dorită noi pe canapea serialul căzuse plapuma și
pentru câteva secunde cât ţi-am văzut picioarele m-am
emoţionat așa cum poate doar marii maeștri italieni se mai
când după 24 de luni de maturare asistă la deschiderea unei
roţi uriașe de parmezan cel mai trist e că îmi place prea mult cum
te miști deasupra mea cu tot hardul și softul tău cu patternurile
toxice în care te complaci chiar și acum când
nu mai ai nevoie de mine și indiferenţa mă
neutralizează iar dimineţile nu mai au frumuseţea hormonizată a
legumelor din supermarket chiar și acum când între noi
doar iluzia comunicării survolând stepa virtuală economia a
1,5 litri de salivă produsă zilnic involuntar cu care în
absenţa ta nu știu ce să fac și cel mai trist e că zilele
trec și că se poate trăi și așa

after a few drinks could have turned into the soundtrack of a short about reunion

it wasn't to be not even the verbal routine of estranged couples

the distance between the chairs the asymptotic intimacy of the bar

I stretch across the table reaching for your hands

you withdraw them in moments like this

if a drosophila melanogaster were to land on me I would collapse

you go out for a smoke the image magnifies and multiplies in my mind until

I have it how I want it us on the sofa a tv series the duvet slipped off and

for a few seconds I saw your feet and was touched by the kind of emotion that only

grand Italian masters assisting in cutting open a giant wheel of parmesan

matured for twenty-four months could understand

the sad thing is that I like it too much the way you move on my body with your

      hardness and softness and all the toxic

patterns you indulge in even now

when you no longer need me and indifference

neutralizes me and the mornings have lost the hormonal beauty of

supermarket vegetables even now

when only the illusion of communication lurches over the virtual steppe between us

the hoarded 1.5 litres daily of involuntarily produced saliva that I don't know

      what to do with in

your absence and the saddest thing is that the days

pass and one can live this way too.

ne-am ridicat de la masă
puțin amețiți

să-mi sigilez timpanele să țin toate
poveștile pe care mi le-ai șoptit într-o singură noapte
așa cum bunica păstrează siropul de trandafiri în sticle de grolsch

din camera de alături se auzeau râsete cântecul fumigen al dozelor de bere
al țigărilor înăbușite pe suprafețe umede m-am strâns
în tine ca o insectă sinucigașă în burduful acordeonului și am început
să plâng mi-am închipuit că eu sunt dirijorul
care după concert își freacă mâinile cu sodă încercând să scape
de orice urmă

te-am întrebat până când o să rămânem așa
mi-ai desenat o inimă cu branhii mi s-a părut că
tremură puțin foarte
puțin

we got up from the table a little tipsy and I wanted

to seal my eardrums so that I could keep all
the stories you whispered to me that night
like Grandma stores her rose cordial in Grolsch bottles

from the other room we could hear laughter the smoky song of beer cans
of cigarettes crushed on damp surfaces I pressed
myself to you like a suicidal insect in the bellows of an accordion and started
to cry imagining myself as the conductor
who scrubs his hands with baking soda after a concert trying to get rid
of every stain

I asked you how long we were going to stay like this
and you drew me a heart with branchiae that seemed
to tremble a little
just a little

Nora Iuga

Translated by Diana Manole

Ascunzătorile

I

se poate începe somptuos şi departe

corintul cartagina albele cetăţi cretane
mama mea în chimonoul verde
tata în faţa catedralei

se poate începe nostalgic şi grav

câţi cipreşi acolo lângă turnuri
şi-n umbra lihnită cât aur

se poate începe

dar nu mai e vremea
să-ţi scoţi pieptul alb la lumină
pe străzile fără iarbă
creşte o lume critică
mai bine în neştire să mergi

The Hideaways

I

it can start sumptuously and far away

corinth carthage the white cretan cities
mom in the green kimono
dad in front of the cathedral

it can start nostalgically and gravely

so many cypresses near the towers
and so much gold in their starving shadows

it can start

but this is no longer the time
to bare your white chest to the light
on the grassless streets
a judgemental world is growing
better to walk with no purpose

cu capul în pânze de heliu
ca un guşter viclean piciorul din spate
împinge trecutul în faţa prezentului

with your head in sails of helium
like a sly lizard the hind leg
pushes the past in front of the present

II

ce v-a făcut paltonul meu mov

ați văzut voi felinarele
barzoii prelungi și astenici
ca arhanghellii lui theotokopoulos

ce v-a făcut paltonul meu mov

cineva pândește mic și tuciuriu
cu ochiul de viezure
cineva taie burta fotoliului
cineva mestecă
cineva își suspectează speranța
uite-i îngenunchind în fața drapelului
toți au crezut
că pot spune lucruri importante
toți au ieșit în stradă
toți au mințit
toți au locuit în mine
și când mă pipăi îi simt laolaltă
într-o imensă sală de așteptare

II

what has my purple coat done to you

have you seen the lanterns
the long and asthenic storks
like the archangels of theotokópoulos

·what has my purple coat done to you

someone lies in wait short and coal-dark
with the eyes of a badger
someone cuts the belly of the armchair
someone chews
someone distrusts his hope
look at them kneeling before the flag
they all believed that
they could say important things
everyone went out into the street
they all lied
they all lived in me
and when i touch myself i feel them all together
in a huge waiting room

VII

v-am adus un om
care cânta într-un dud
i-am scos din gură un mic animal
ce trebuie urgent examinat la microscop

aici sunt vorbele
dincoace inima
între acestea un arbitru amabil
îţi cere mereu să repeţi
poveştile lui preferate

uite că tac

ce lin alunecă mâna din mănuşa străină
aşa se mai poate privi un teritoriu
cu un singur copac şi o singură pasăre

VII

i brought you a man
who was singing in a mulberry tree
out of his mouth i took a small animal
which must be immediately examined
under a microscope

here are the words
there the heart
between them an obliging referee
always asks you to repeat
his favorite stories

okay i'll stop talking

how smoothly the hand slips out of a foreign glove
this way you can finally look at a territory
with one tree and one bird

IX

oare o să mai mergem la malul cu dropii
apusul acela de aur să-l trecem pe umerii noştri
enorm desfăcuţi peste acoperişurile lumii
o să mai vedem timpul lacom
când pescăruşul în prada lui înfipt
era el însuşi un stâlp al pământului

poate a fost o zi
când toate se estompau ca o eczemă veche
poate nici nu erau femei şi nici arme
doar îngeri răi
trecând pe biciclete la muntele athos
eu nu-mi amintesc decât roţile lor zimţate
lăsând urme în carnea pământului

ce întuneric în văile corbilor
şi niciun răspuns

IX

will we ever go again to the shore full of bustards
to take that golden sunset on our shoulders
enormously unfolded over the roofs of the world
will we ever see again the greedy time
when the seagull nailed to its prey
was himself a pillar of earth

maybe it was a day
when they all faded away like old eczema
maybe there were no women and no weapons
only nasty angels
passing by on bikes toward mount athos
i only remember their cogwheels
leaving traces in the flesh of the earth

what darkness in the valleys of the ravens
and no answers

X

liniştea asta
aer mărunţit ca mişcările larvei
cineva ne-a silit să visăm că trăim
şi de-atunci murim continuu

şi-un cântec de leagăn:
am avut un miel
o zodie albă
o mamă frumoasă

cu cine vorbesc

nici tu nici el
ce neinteresanţi oameni
trec pe străzile noastre

primăveri stinse-n stindarde
scuturi fragile

cine ne apără de alunecarea melcului
ce trece peste lama cuţitului
fără să-i pese

X

this silence
shredded air like the movements of the maggot
someone forced us to dream that we were living
and since then we die endlessly

and a lullaby:
i had a lamb
a white horoscope
a beautiful mother

who am i talking to

neither you nor him
what uninteresting people
pass through our streets

springs extinguished in banners
fragile shields

who will protect us from the snail's sliding
when it passes over the blade of the knife
and doesn't mind

XII

o tempora   o mores
când în tramvai
îţi găseşti timp să scrii un vers
ce îndurare divinul
s-a aplecat la urechea mea
şi eu rup filmul acestei străzi
şi trec după colţ fără urmă

XII

o tempora   o mores
when on the streetcar
you find the time to write a poetry line
how merciful the divine
stooped down to my ear
and i tear the film of this street
and vanish around the corner
without a trace

Contributors

Constantin Acosmei, born in Tîrgu Neamț, is the author of the award-winning poetry book *Jucăria mortului* [The dead man's toy] published by Casa de Pariuri Literare. The Romanian version was originally published in 1995, predating the "fracturist" literary movement, and again in 2012. Poems from the collection have been translated into several languages and appear in over ten anthologies. He won the Premiul pentru debut al Asociației Scriitorilor din Iași in 2006 and the Premiul Euridicepentru poezie in 2008.

Sean Cotter is a professor of literature and literary translation at the University of Texas at Dallas and has translated many books of Romanian literature, most recently Mircea Cătărescu's *Solenoid* (Deep Vellum, 2022).

Monica Cure is a Romanian–American poet, translator, and dialogue specialist. She won the 2023 Oxford-Weidenfeld prize for her translation of Liliana Corobca's novel *The Censor's Notebook* (Seven Stories Press). Her poetry translations have appeared in journals such as *Kenyon Review*, *Asymptote*, and *Modern Poetry in Translation*. Her own poems have appeared in *Plume*, *RHINO*, *Boston Review*, and elsewhere. She is currently based in Bucharest.

Ioan Flora is the author of fifteen books of poetry, among them *Medea and Her War Machines* (2000), translated by Adam J. Sorkin and Alina Cârâc in 2011. Born in Yugoslavia in the Romanian-speaking region of the Serbian Banat, he moved to Bucharest in the early 1990s, working for the National Museum of Romanian Literature and then the Romanian Writers' Union. Flora died at the age of 54 in early 2005, and Romania lost a major poet.

Anastasia Gavrilovici (b. 1995) is a poet and translator based in Bucharest. She studied literature, arts, and cinema, and in 2019 she published her first poetry collection, *Industria liniștirii adulților* [The industry of comforting adults]. Her narrative, immersive poems develop dark but also endearing scenarios from everyday life, mapping the experiences of a young woman as teenager, lover, and mother against a patriarchal and hyper-digitalized civilization, questioning, at the same time, the limits of freedom of expression and gender balance in a post-communist country.

Adela Greceanu is the author of four full-length poetry collections. Her book *Și cuvintele sînt o provincie* [Words are also a province] won the 2014 Observator Cultural Poetry Prize, the top literary distinction in Romania, and in 2021, a volume of her collected works was published in the prestigious Cartier Press contemporary poetry series. Greceanu has also published a novel and short stories. She is an eminent cultural journalist through her work for Radio România Cultural and her own podcast.

Nora Iuga (b. 1931) made her editorial debut in 1968 and has published over twenty collections of poems, eight books of prose, and thirty-three books translated from the German. She is the recipient of numerous literary awards, including several from the Writers' Union of Romania, as well as the Knight Commander's Cross of the Order of Merit of the Federal Republic of Germany (2015) and the National Order of Romania in rank of Commander (2017).

Bucharest-born **Diana Manole** is a proudly hyphenated Romanian-Canadian award-winning writer, literary translator, theater artist, and scholar. She co-won second prize in the 2018 John Dryden Translation Competition and translated or co-translated seven poetry collections. Independently, she translated two Roma plays from Romania, included in the *Roma Heroes* anthologies (Hungary, 2019 and 2021), numerous Romanian and Canadian poems featured in magazines, and was awarded the 2023 *Lunch Ticket* Issue 24 Gabo Prize for her translations of Emil-Iulian Sude's work.

Iris Nuțu (b. 1996) is a poet, translator, and teacher based in Bucharest, Romania. With a bachelor's degree in Comparative Literature and a master's in Film & Theatre Studies, she is currently a Ph.D. candidate researching feminist mythological fiction published by contemporary female writers. She never leaves the house without her headphones and always barely remembers where she's left them.

Gabi Reigh moved to the UK from Romania at the age of 12. In 2017, she won the Stephen Spender Prize, which inspired her to translate more Romanian literature. As part of her Interbellum Series project, she has translated interwar novels, poetry, and drama by Lucian Blaga, Liviu Rebreanu, Mihail Sebastian, Hortensia Papadat Bengescu, and Max Blecher. She has also edited *Virginia's Sisters*, an anthology of poems and prose written by women in the interwar era.

Andreea Iulia Scridon is a Romanian–American poet. She is the author of *A Romanian Poem* (MadHat Press), *Calendars* (Broken Sleep Books), and *Across The Nile-Green Sky* (Greying Ghost Press).

Adam J. Sorkin has translated more than seventy books of contemporary Romanian poetry. His recent translations include *Dangerous Caprices* by Nora Iuga, translated with Diana Manole (Naked Eye Publishing); *California (on the Someș)* by Ruxandra Cesereanu, translated with the poet (Black Widow Press); *Dinner with Marx* by Matei Vişniec, translated with Lidia Vianu (New Meridian Arts); and most recently, *Canting Arms* by Emilian Galaicu-Păun, with multiple co-translators (Deep Vellum).

Moni Stănilă's six volumes of poetry, four novels, and one nonfiction book have established her as an essential voice in contemporary Romanian literature. Translated into twelve languages and awarded many prizes, Stănilă addresses themes as varied as Christian faith, women's social roles, and the sculptor Constantin Brâncuşi.

Emil-Iulian Sude is one of the first award-winning poets of Roma ethnicity in Romania. He has published five collections of poems and earned over twenty awards and distinctions, including the 2018 Diploma of Excellence for his contribution to the development and promotion of Roma culture and identity. *Paznic de noapte* [The night security guard] (Casa Cărţilor, 2023) was awarded the Ion Zubaşcu prize at the 2023 Sighet International Poetry Festival (Romania) and is forthcoming in French (tr. Gabrielle Danoux) from MAÏA (France) in 2024 and in English (tr. Diana Manole) from Laertes Press (US) in 2025.

Gene Tanta, born in Timişoara, is a poet, artist, and translator engaging in conversations about political and aesthetic dislocation through an autoethnographic lens. He holds an MFA in Poetry from Iowa and a Creative Writing Ph.D. from UW–Milwaukee. The author of *Unusual Woods* (BlazeVOX Books, 2010), his work has appeared widely: in *Epoch*, *Ploughshares*, *Circumference Magazine*, *The Laurel Review*, and *Indiana Review*. Winner of two Fulbright grants, he hopes he can become an entrepreneur before the end of capitalism.

Elena Vlădăreanu (b. 1981) is a writer and journalist from Romania. She is the host of a radio show (called "The Stage and the Screen") at the national broadcast station, where she talks about movies. She has published several poetry and short-story collections but is also known for her theater plays and performance scripts. She is researching biographies and autobiographies in contemporary theater for her Ph.D.

CALICO

The Calico Series, published biannually by Two Lines Press, captures vanguard works of translated literature in stylish, collectible editions. Each Calico is a vibrant snapshot that explores one aspect of our present moment, offering the voices of previously inaccessible, highly innovative writers from around the world today.